Frédéric SCHIFFTER

Pensées d'un philosophe sous Prozac

MILAN

Pensées d'un philosophe sous Prozac

Du même auteur

Lettre sur l'élégance, Distance, 1988.
Guy Debord, l'atrabilaire, Distance, 1997.
Sur le blabla et le chichi des philosophes, PUF, 2002.

ISBN : 2-7459-0758-1

Pour Alain Thiney

« La vie est celle de chacun. Si bien
que si on veut philosopher sérieusement
sur la vie, c'est à condition de le faire
de l'intérieur, depuis un au-dedans singulier,
à condition de parler de soi-même. »

José Ortega y Gasset.

Hors-service

« L'éducation est assurément une chose merveilleuse,
mais il faut savoir que tout ce qui est digne
d'être connu ne peut s'enseigner. »

Oscar Wilde.

On se souvient peut-être de ce ministre de l'Éducation nationale d'un gouvernement de gauche, boulot, le front bas, le sourcil broussailleux derrière de petits verres, parlant un français aussi approximatif que lacunaire et qui avait décidé de « dégraisser le mammouth » – nom donné par lui avec esprit à son administration. On se souvient que quelques jours après la rentrée scolaire de l'année 2000, ce ministre, pour fustiger l'absentéisme qui régnait de façon chronique dans le corps enseignant, cita le cas d'un professeur de philosophie qui, dès la reprise des cours, se fit porter pâle pour une durée de trois mois – réel congé pour maladie imaginaire, laissa-t-il entendre, et entièrement payé par l'État. Ainsi, par cette dénonciation, non seulement le ministre confortait l'opinion d'une large partie du pays selon laquelle le fonctionnaire est un fainéant patenté qui se rend à l'infirmerie dès qu'il lui faut se mettre au travail, mais aussi la certitude selon laquelle on observe pareil parasitisme surtout chez l'« enseignant ». Comme il s'agissait en l'occurrence d'un professeur de philosophie, l'indignation fut unanime. Déjà peu convaincue qu'il faille payer si cher, *via* l'impôt, des professeurs qui bénéficient de trop de vacances, l'opinion regimbe carrément contre le fait d'entretenir ceux qui enseignent un savoir aussi archaïque et inutile que la philosophie – à plus forte raison si, parmi eux, se trouvent des tire-au-flanc. Toujours est-il que, ce jour-là, je me crus sérieusement menacé dans mon avancement de carrière. Car, on l'aura deviné, ce parasite que le ministre dénonça sans le nommer, c'était moi.

Sans chercher pour cela à me justifier, je dois préciser que l'arrêt de travail auquel j'eus droit me fut dûment délivré par un de ces médecins dont la spécialité est de soigner, à défaut de guérir, cette étrange forme d'incapacité qu'éprouvent de plus en plus de personnes, un matin, à mettre un pied par terre. Pour moi, en ce matin du 6 septembre 2000, le problème fut de poser un pied devant l'autre afin de me traîner jusqu'à mon lycée.

Au lycée, je m'y étais rendu la veille pour effectuer, comme on dit, la journée de la pré-rentrée, journée qui ne concerne que les professeurs. On pourrait croire qu'en ce jour la morosité transit les âmes. Les grasses matinées vont passer au régime sec. Le bel et vivace aujourd'hui du farniente est mort et l'été entre en agonie. Il n'en est rien. Dès neuf heures, sitôt qu'on pénètre dans le réfectoire mal insonorisé où le proviseur tiendra son long discours d'accueil traditionnel, flanqué de ses adjoints administratifs, la gaieté règne, piaffante, parmi la petite foule du personnel encore vêtue de manière estivale. On se retrouve, on se salue et le tutoiement collégial est à nouveau de mise. Cela fait plus de vingt ans que j'observe ce rituel et chaque fois que j'entre dans ce vaste réfectoire bondé, je ne peux m'empêcher de me demander, à la vue de toutes ces têtes, si je n'ai pas affaire aux figurants d'un film de Mocky. Mais ce matin-là, à ce stade où rien n'avait encore commencé, dans ce climat bon enfant, je me sentis en proie à une vertigineuse déréliction, comme si une force mystérieuse et maléfique m'avait poussé en un milieu, non pas hostile ni effrayant, mais dont l'atmosphère même était incompatible avec mon organisme. Saisi par une violente crise d'asthme métaphysique, et avant que le discours du proviseur ne me fasse plonger en syncope, je désertai cet endroit irrespirable.

Je passai la nuit suivante sans pouvoir dormir. À mesure que l'heure avançait, l'idée de retourner... là-bas, le lendemain, dans ces murs où il me faudrait neuf mois durant me plier à... un emploi du temps et cela dans le but… de gagner ma vie, virait au noir. Je cherchai cependant à me raisonner. J'invoquais l'autorité d'Épictète, cet homme qui passa pour sage et qui fut longtemps un esclave – sort moins enviable, dit-on, que celui de professeur de philosophie. J'ouvris son *Manuel*. « Il y a des choses qui dépendent de toi, et d'autres non », écrivait-il ; « de toi, dépendent la pensée, l'impulsion, le désir, l'aversion, tout ce sur quoi, en toi, tu peux agir. » Hormis sa doctrine, je ne sais pas grand-chose de l'homme Épictète. On le disait grave mais affable, avare en paroles mais généreux en écoute et en conseils. Ainsi est-ce possible qu'il pût, comme on dit, regonfler des gens qui avaient le moral un peu à plat, mais non en forger un autre à ceux qui comme moi, l'avaient perdu. La pensée, l'impulsion, le désir, l'aversion, tout cela était précisément ce sur quoi, en moi, je n'avais pu agir le matin même, puisque, en un instant, tous les ressorts de mon âme s'étaient bloqués, ne libérant que celui de la fuite. Comme Épictète ne m'était d'aucun secours, je fis alors la seule chose qui, à cinq heures du matin, dépendait de moi pour soulager mon tourment et trouver un peu de sommeil avant le jour, à savoir avaler quelques cachets relaxants – totalement inefficaces.

Trois heures plus tard, dans la défroque du stoïcien sous Valium, me voilà devant le portail du lycée. Aux alentours, c'est l'agitation. Des élèves déboulent par les portières de gros autobus garés en file indienne, d'autres se font déposer par leurs parents, d'autres encore arrivent en scooter ou à pied. Les professeurs, eux, entrent en voiture par un autre portail donnant accès à un parking. Je m'écarte pour laisser entrer ce flot de jeunesse qui se dirige sans se presser vers les bâtiments situés au milieu du parc. Il est huit heures. La sonnerie invitant les élèves à rejoindre leurs lieux de cours retentit. En principe, je devrais déjà être dans le bâtiment A, devant la porte de « ma » salle pour prendre livraison de je ne sais quelle classe. Je m'aperçois seulement maintenant que je n'ai même pas mon emploi du temps – que l'on remet la veille aux professeurs. Je me dis qu'il est grand temps d'y aller. Mais avancer m'est impossible. Mes jambes ne m'obéissent pas, comme si mes pieds avaient été coulés dans la masse du trottoir jusqu'aux chevilles. Je tente malgré tout de m'en arracher. Mes genoux ne plient pas. De longues minutes défilent. L'immobilité gagne tout mon corps. Deux élèves retardataires passent en courant sous mon nez sans me prêter attention et disparaissent au loin. Au loin, justement, du côté des bâtiments, je ne vois plus personne, je n'entends plus de bruits. Tout le monde est *rentré*, sauf moi, la seule âme qui vive mais qui demeure là, prostrée. Je ne suis plus qu'une angoisse verticale et figée. Alors, me reviennent en mémoire les images d'un film de Buñuel, *L'Ange exterminateur*. Un sortilège s'abat sur des hommes et des femmes à l'instant où, s'apprêtant à sortir de la messe, une force les empêche de franchir la grande porte de l'église dès qu'ils s'en approchent. À la fin, quand les paroissiens vident le lieu, c'est sous la forme d'un troupeau de moutons. Curieusement, loin de m'effrayer cette réminiscence me rassure. Tout s'éclaire, même. Je ne dois pas ma paralysie à un ange exterminateur, mais à un démon protecteur. Je comprends que je viens de voir un troupeau de moutons s'engouffrer dans un abattoir et que, par un réflexe de survie, je viens *in extremis* de sauver ma peau. Recouvrant ma mobilité, je rentre chez moi me coucher.

On comprendra aisément que, l'après-midi même, au récit de mon malaise et à la suite d'un entretien minutieux, le psychiatre – choisi dans les pages jaunes de l'annuaire – ne balança pas longtemps à prendre la décision de me mettre au vert. « Risque de décompensation », marmonna-t-il. J'entendis : « Risque de décomposition. » « Voici un traitement préventif ; revenez me voir dans trois mois », dit-il en me tendant une ordonnance noire de médications et mon arrêt de travail. Quand je revins à la date prévue, il renouvela mon traitement et mon arrêt. Puis, au mois d'avril, quand nous nous revîmes, il m'annonça que je ne décompenserais peut-être pas avant quelque temps. Et c'est ainsi que, la tête basse, alourdie de Prozac, je repris le collier.

La dépression passe pour une pathologie sérieuse et crédible lorsqu'elle affecte des gens confrontés à une adversité sociale, familiale, sentimentale, ou autre, qui finit par les laminer. C'est pourquoi on ne conçoit qu'un professeur soit réellement déprimé que s'il est, soit chahuté en permanence par ses élèves, soit, comme cela arrive souvent de nos jours, quand il en est physiquement menacé. On ne peut concevoir qu'il s'effondre pour une autre raison, comme celle, notamment, d'avoir le sentiment de professer au sein d'une institution qui rejette sa discipline même. Un professeur de physique peut bien déprimer pour avoir des élèves indociles et même violents, qui mettent à mal son autorité personnelle ; mais la physique n'étant remise en cause par personne – ni par l'institution scolaire ni par les élèves – il n'éprouvera jamais le sentiment qu'il n'est pas libre de l'enseigner. Quoi qu'il arrive, le monde le soutient parce que ce monde est celui de la technoscience, ou, pour parler comme le philosophe tyrolien Heidegger, celui de la *pensée calculante*. Et comme ce monde a fini par arraisonner le lycée, le professeur de philosophie, qui demeure l'homme de la *pensée méditante*, est sommé de ne plus enseigner sa discipline. *N'apprenant rien*, rien sauf à penser pour la simple beauté du geste et le plaisir de tout critiquer, la philosophie apparaît comme un savoir superflu, et celui qui l'enseigne comme un maître de la gratuité. Pour ma part, ne m'étant jamais préocupé, ni de la réussite scolaire de mes élèves, ni de leur avenir professionnel – je laissais les passionnantes questions d'orientation ou d'insertion aux autres professeurs – je ne considérais pas mes élèves comme de futurs employés, mais je m'adressais à eux, considérés comme tels, comme à des élèves. Je les mettais en garde contre les pilleurs de ressources humaines. La démocratie antique voyait en Socrate un aristocrate de l'esprit et elle l'avait condamné à boire la ciguë. Aujourd'hui, et pour le même grief, c'est au professeur de philosophie que la démocratie du négoce fait boire le bouillon. En tout cas est-ce ainsi, comme un lent empoisonnement, que les années passant, j'ai éprouvé un malaise à exercer mon métier, malaise qui, en ce jour de rentrée, me poussa vers la sortie.

Dès qu'ils ont, comme on dit, un peu de bouteille et la bénédiction de leur inspecteur, certains de mes collègues aspirent à publier un manuel de philosophie à l'usage des élèves des classes terminales – montrant par là une miraculeuse résistance au doute concernant leur métier, de même qu'un solide sens de leur carrière. Moi qui, au milieu de la mienne, me sens en fin de course, il me parut plus opportun, après ma consultation psychiatrique, de ne pas bouder l'aubaine de ma mise hors-service et d'en profiter pour réfléchir aux raisons pour lesquelles je sentais cette immense lassitude à enseigner la philosophie et de les consigner. À mesure que je tentais d'y voir un peu clair dans ma confusion médicamenteuse, ce n'était pas tant la vanité de mon métier qui me devenait évidente – vanité au sens où, dévalorisée par le lycée, la philosophie ne valait plus la peine d'être enseignée – que l'absurdité à vouloir enseigner un savoir, dès lors qu'il ne répondait chez les élèves eux-mêmes à aucun désir authentique d'y goûter. À quoi bon enseigner un savoir qui n'en est pas un à des gens qui n'en veulent pas ? Pour dire les choses autrement, la question pour moi n'était pas seulement de savoir s'il m'était encore possible d'enseigner la philosophie comme réflexion critique au sein d'une institution asservie au négoce, mais aussi et surtout pourquoi j'avais eu le désir de l'enseigner comme un *art de penser la vie.* Je m'étonnais de ne pas m'être posé la question vingt ans auparavant, juste après ma première heure de cours, et d'avoir si longtemps refusé de me la poser.

Plutôt que des développements élaborés, ce sont des « pensées » que je livre ici, des souvenirs, des réflexions et aussi des humeurs, notés dans un carnet pendant que je traînais au lit ou quand, sans respecter les heures de sortie légale, je prenais un thé chez Miremont. Quitte à aggraver mon cas aux yeux de mon administration, de mes collègues, de mes élèves et de leurs parents, je pourrais intituler les pages qui suivent, vaguement arrangées sous une forme d'« egographie », *Apologie de ma déprime.* Mais qu'importe le titre, puisque, sans doute, tout ce que j'aurai écrit là sera retenu contre moi.

Eden blues

« Cet ennui absolu n'est en soi que la vie toute nue,
quand elle se regarde clairement. »

Paul Valéry.

Je m'étonne qu'aucun philosophe n'ait cru bon de s'attarder sur ce passage de la *Genèse* relatant qu'une nuit Adam fut arraché de son sommeil en entendant Ève s'écrier – avec la voix d'Anna Karina dans *Pierrot le fou* – : « Qu'est-ce que j'peux faire ? J'sais pas quoi faire ! » ; car c'est cette nuit-là que Dieu inventa l'insomnie.

Jusque-là, Adam et Ève s'endormaient sans aucune difficulté et passaient des nuits paisibles parce qu'ils vivaient dans l'innocence, innocence qui ne consistait pas, comme on le croit, à ignorer le mal, au sens moral du terme, mais à profiter pleinement d'un monde que Dieu avait créé et ordonné pour eux – le meilleur des jardins possibles, si parfaitement entretenu que le moindre de leur besoin était aussitôt rassasié. S'ils étaient innocents, c'était parce qu'ils n'avaient rien à faire et ne pensaient à rien. C'est pourquoi, quitte à malmener l'autorité du dictionnaire, je dirais qu'avant de désigner l'état de celui qui est « sans tache », la notion d'innocence décrit plutôt la situation de celui qui naît sans tâche. Car on ne se tache que lorsqu'on se met à la tâche, et on ne se met à la tâche que lorsqu'on est saisi par la souffrance et l'ennui. En les logeant dans l'Éden, Dieu accorda d'emblée à Adam et Ève une tranquillité totale de l'âme et du corps, à l'image de ce séjour même où, selon une formule de Baudelaire, nul mouvement ne vient déplacer les lignes. Et d'ailleurs est-ce bien ainsi, et à raison, qu'on s'imagine l'Éden, non seulement comme un monde à l'abri du temps, du hasard et de la mort, mais aussi comme un monde où on ne se sent pas vide, où on n'espère pas en vain d'être comblé.

Le Paradis serait resté ce Pays de Cocagne où tout n'était que calme, luxe et volupté, si Adam et Ève n'avaient ressenti que de simples besoins – lesquels, encore une fois, visant des objets réels, disparaissaient sitôt que, sans le moindre travail et sans même y penser, ils les satisfaisaient. Mais tout dégénéra lorsqu'ils se mirent en quête d'un objet ressenti malgré eux comme étant absolument vital, un objet d'une nature étrange, perçu comme n'étant présent qu'*en dehors* du Paradis et, cependant, recherché comme s'il y était réellement accessible. N'ayant de cesse de posséder cet objet, ce besoin s'exacerba de ne jamais l'atteindre, tournant dès lors à l'obsession, le jour comme la nuit. Quand, parfois, ils croyaient le tenir enfin, mais voyant aussitôt qu'il n'était pas celui qu'ils cherchaient, ils s'acharnaient à le détruire avec toute la rage de la déception et reportaient aussitôt leur élan sur un autre objet tout aussi décevant. Ainsi le malheur d'Adam et Ève fut que Dieu, après leur avoir ménagé longtemps une vie insouciante, leur infligea l'épreuve du besoin insatiable et inextinguible de Lui-même – seul « objet » à se tenir hors du Paradis.

Si *diabolos*, en grec, signifie « ce qui divise et sépare », je m'étonne, là encore, qu'aucun philosophe n'ait fait remarquer que Dieu, en prenant la forme d'un serpent charmeur d'hommes, usa d'un artifice diabolique pour révéler son existence à ses créatures. Ignorant qu'ils étaient heureux et, par là même, ne sachant pas à qui ils devaient leur bonheur – trait même de leur innocence – Adam et Ève connurent l'enfer sitôt qu'ils apprirent qu'ils avaient un Père, un Père qui les avait créés à partir d'une seule et même chair tranchée en deux individus – donnant ainsi à chacun un sexe différent – et qui avait décidé qu'ils existeraient séparés de Lui. Brusquement confrontés à la solitude radicale de leur individualité et à l'absence de leur Père, Adam et Ève perdirent leur innocence. La sensation inconsciente, heureuse et pérenne de vivre fit place au sentiment douloureux de manquer de l'essentiel quand bien même tout comblait leurs besoins. Aussi n'est-ce pas une vulgaire pomme, comme on a dit, qui empoisonna leur vie, mais le ver du *désir* que Dieu y avait logé et qu'ils ne purent jamais recracher.

Je chute, donc je pense

« [...] au faîte de son calvaire, le Fils de l'homme
s'est reconnu sous les traits d'un *abandonné total*,
d'un *abandonné à fond*. »

Paul Audi.

À chacun sa Chute.

Dans sa dernière lettre qu'il avait fait poster de Dakar, où il travaillait, mon père disait qu'il était sur le point de nous rejoindre, ma mère et moi, à Biarritz. Mais il y eut les vertiges et les nausées. La fin venait en bouche.

Elle avait goût de vomi. Puis, quand le vaisseau céda, ce fut rapide. Le sang envahit le crâne et noya le cerveau. Les fonctions motrices stoppèrent net. La conscience afficha un écran blanc.

Mon père n'était pas à Dakar, où nous l'avions laissé un an plus tôt, mais à Grasse, chez sa maîtresse, à une nuit de train de Biarritz.

Au moment de mourir pensa-t-il à moi ? Je me suis laissé surprendre par la vie le jour de sa mort. J'allais avoir dix ans.

Quand on ramena la dépouille de mon père de Grasse à Toulouse où se trouve le caveau familial, ma mère crut bon de m'en épargner la vue et me dispensa des funérailles. Je restai donc à Biarritz chez des voisins où j'eus tout le loisir d'imaginer le trou qui allait engloutir mon père et le dévorer. De ce jour, datent mon dégoût du macabre et mes obsessions funèbres.

Je n'ai pas vu, donc, mon père mort. Je n'ai pas vu, comme on dit, son « corps ». Le mot est étrange – comme si seule la mort nous dotait d'un corps, encombrante trace d'un songe éteint. Aurait-il été réellement présent, lui, mon père, sous la forme de cette dérisoire inertie ? Aujourd'hui encore j'ignore l'emplacement de sa tombe où je ne me suis jamais rendu. Je n'ai l'âme ni d'un fossoyeur ni d'un embaumeur. Ses cendres, comme on dit encore, reposent dans ma mémoire. C'est un enfer qui en vaut un autre.

Fort, invulnérable, un père domestique la sauvagerie de l'existence. Avant que le mien ne meure, j'étais innocent ; je n'avais pas encore pris conscience du monde. Jusque-là je ne doutais pas qu'il en avait fait pour moi un pays sûr. Semblable à la Muraille de Chine, un sentiment d'absolue sécurité entourait les lieux où je jouais et, dans les frontières de cette terre pacifiée, arborant au-dedans de moi le blason paternel, je m'apprêtais à traverser la vie, assuré de ne jamais faire de malheureuses rencontres. Avec son effondrement, tout sombra dans la barbarie. L'angoisse déferla en moi et m'imposa de faire allégeance au hasard, nouveau maître de l'avenir.

Parce qu'on disait que mon père était au ciel, j'ai cessé d'y croire. On m'avait pourtant encouragé à l'y chercher en prière. Mais je cherchai d'abord une explication. On ne se volatilise pas comme cela, si vite, si tôt. Et d'ailleurs, c'était à lui, d'où il était, à se manifester. Mes pleurs ne lui parvenaient pas. Il me laissait à l'isolement. On le retenait sûrement contre son gré. C'est à ce moment-là que j'eus le pressentiment que ce n'était pas le Diable qui séparait les êtres – ragot de catéchisme –, mais Dieu. Pourquoi sinon Dieu n'accordait-il jamais à mon père le moindre droit de visite? On me disait aussi que les morts apparaissaient parfois aux leurs pour les consoler ou les rassurer. Mon père qui se souciait tant qu'on ne me laissât jamais seul ne serait-ce qu'une heure, ne revenait pas. Bien sûr, je rêvais souvent de lui – j'ai rêvé de lui pendant des années –, mais je n'ai jamais pris ces apparitions au sérieux. Alors je me suis rendu à l'évidence. Je ne lui manquais pas. On ne manque pas aux morts et ils vous oublient.

Diluée dans le flux du temps, l'angoisse devient la mélancolie. La mienne est un ténia qui n'a cessé de croître et de prospérer en s'entortillant autour de mon âme, l'étouffant jusqu'à paralyser mes relations avec les autres et les choses.

Je me souviens que, n'étant pas encore un adolescent, je ne trouvais aucun attrait aux jeux auxquels je participais avec les autres de mon âge, non parce que je me sentais plus grand ou plus mûr, mais parce que je m'inscrivais malgré moi dans ces instants en spectateur plutôt qu'en acteur. Légèrement en retrait de la scène, non loin des coulisses, je me demandais quand la fête allait enfin commencer. Je trouvais que la vie se faisait attendre et, lorsqu'elle m'invitait à entrer pour de bon dans la danse, je ne me sentais plus concerné.

Cioran écrivait que dans une grande ville le mot de « prochain » n'avait aucun sens. Qu'eût-il pensé d'une capitale de l'ennui comme Biarritz ? Autour de mes quinze ans, il m'est arrivé de fréquenter une ou deux bandes, moins dans l'espoir de m'y faire des amis que de séduire des petites amoureuses. Mais une bande est déjà une foule, un désert humain où on ne rencontre jamais personne. Mon plaisir était celui de la conversation ; or, pour mes amis, seuls la musique, le sport et la « dope » tenaient lieu de culture. Ça ne parlait que de groupes, de concerts, de pop stars, de joints, d'acide, de trips, d'overdose, de surf. Toute une mythologie psychédélique mélangée à un folklore sous-californien qui leur procurait le frisson d'une poésie sublime et moderne. Il se distinguaient en faisant comme tout le monde. En attendant, aucun d'entre eux ne lisait. Restait le cinéma. Nous le réservions pour les jours de pluie et, quand parfois je parvenais à peser dans le choix d'un film, j'espérais alors pouvoir en discuter après la séance. Nous allions dans notre bistrot attitré, mais très vite la conversation tournait à la rigolade, la rigolade en appelait une autre, soit, le plus souvent, s'alcooliser dans une de ces discothèques ouvertes l'après-midi, ou bien fumer de l'herbe chez Untel qui donnait une fête et qui se soldait toujours pour moi par un crash narcissique. En vandales insouciants, mes amis détruisaient en une heure la copie-souvenir d'un film de Pier Paolo Pasolini ou de Sam Peckinpah. Autant l'indifférence des garçons à l'égard du septième art me paraissait normale – pour ne faire de gros plans que sur les filles –, autant pareille indifférence de la part des filles me paraissait scandaleuse – pour ne pas chercher à exister sous d'autres regards. Je pestais à l'idée que, pour voler un baiser à l'une d'elles, il me fallait rouler, moi aussi, les mécaniques du petit mâle dominant. Elles me traitaient comme si j'avais un cœur à claques. Jour après jour, week-end après week-end, j'enviais secrètement l'aptitude de mes amis à s'amuser ensemble et les méprisais pour ne pas envier mon inaptitude à m'amuser avec eux. Je m'en voulais surtout de mon impuissance à planter là leur ennuyeuse compagnie, effrayé encore et toujours de penser qu'ayant été de trop, je ne manquerais à personne. Mais je sentais venir la rupture. Plus je passais aux yeux de mes amis pour un cérébral rabat-joie, plus ils devenaient aux miens des êtres frappés de ce que j'appelais la disgrâce des trois « i » – insipides-inodores-incolores. Cependant, qu'ils pussent se conformer si facilement au répertoire des goûts et des couleurs que l'époque leur dictait, m'amenait parfois à retourner contre moi ce sentiment d'inauthenticité. À l'évidence, ce monde était fait pour eux ou ils étaient faits pour ce monde ; en tout cas, tout collait. Ayant gardé leur âme d'origine, lisse et plate, ils glissaient à la surface du temps ; moi, avec la mienne, trop grande pour mon âge, peu maniable, je raclais le fond. Mais une fois seul je repoussais ce sentiment et, devant ma glace, comme Antoine Doinel dans *Baisers volés*, je demandais à mon reflet qu'il m'encourage à m'accepter et à me faire accepter comme une anomalie. Bombant le torse, je me promettais qu'à la prochaine occasion, en pleines réjouissances, je ferais taire le bastringue de mes amis et leur crierais : « Ne voyez-vous pas que vous dansez dans les bras de la mort ? » Mais aussi inhibé pour la provoc que pour le rock – ce n'est que plus tard que je passerai maître dans l'art de pourrir les ambiances – je me résignai à débrancher mes hurlements. Et c'est ainsi, qu'un jour, je pris la décision de faire bande à part, résistant héroïquement à la tentation de me retourner pour voir si on me trouvait émouvant.

Pendant ce temps, comprenant que j'en voulais à Dieu de n'avoir pas fait les autres à mon image, ma mère me nourrissait au biberon du détachement. Quand je m'emballais pour n'importe qui ou n'importe quoi, elle m'envoyait d'un air goguenard un : « Ah, vraiment ? » Sa façon de souffler le froid avait le don de m'échauffer. Elle ne désirait pas borner ma curiosité ; elle voulait simplement m'ouvrir les yeux sur leurs éblouissements. C'était d'ailleurs par le même « Ah, vraiment ? » qu'elle recevait mes cris de révolte, comme pour m'apprendre que l'indignation était autant que l'enthousiasme un manque de discernement. Comme la formule était bien trouvée et finissait parfois à faire son effet, je me disais qu'il serait sage, de ma part, de l'adopter et de m'en servir pour avorter de mes émotions. Mais en vain. On ne prescrit pas à sa propre névrose les principes de sagesse d'une autre névrose.

Toujours vexé qu'on ne s'attendrisse pas sur mon cas, je résolus de me venger des vivants en n'accordant d'intérêt qu'aux grands morts, je veux parler des écrivains, ces gens dont ma mère me parlait souvent et avec qui elle trompait son esseulement. J'avais dégoté dans sa bibliothèque un petit essai de Proust sur la lecture où il osait dire, à ma grande satisfaction, que l'amitié n'était qu'un sentiment surfait: nous sommes tous, écrivait-il, « des morts qui ne sont pas encore entrés en fonction », aussi, toutes les simagrées sociales que l'amitié nous impose sont stériles et fatigantes. Si la lecture constitue une forme supérieure d'amitié, c'est parce qu'elle est une conversation avec un mort et que nous pouvons briser là, à tout moment, à notre guise et sans façons. Shakespeare ou Molière m'ennuient? Je referme leur livre et leur donne congé. Je les convoquerai une autre fois. Une fois morts, les auteurs sont bien moins susceptibles. Mais pour moi l'argument majeur de Proust tenait en cette formule : la lecture est une amitié débarrassée de tout ce qui fait la laideur des autres.

Il existait alors, à Biarritz, une librairie surplombant le casino et décorée de telle sorte qu'elle rappelait que lire est la promesse toujours tenue d'un plaisir. On y pouvait feuilleter longuement un ouvrage, puis le remettre en rayon et recommencer ce petit piratage les jours suivants sans que cela ne dérangeât la propriétaire de l'endroit. En entrant là, on entrait chez elle et, quand bien même y venait-on pour la première fois, on était invité à monter à l'étage où trônait un imposant canapé en cuir noir entouré de quelques tabourets et d'une table basse. J'en fis, durant ces années d'adolescence dédaigneuse, le boudoir de ma mélancolie.

Je me suis toujours demandé ce que je serais devenu sans les écrivains, moi qui étais si peu habile pour les jeux de la vie sociale. Davantage qu'une consolation, je voulus puiser dans leurs livres une force qui embellirait à mes yeux, et, qui sait, aux yeux des autres, mon infirmité. Même si à mesure que je les lisais, je me rendais compte qu'ils étaient, à l'image de la vie qu'ils décrivaient, impitoyables ; même si rien n'était pour eux ordinaire comme de se sentir incompris ; même si leur littérature consolait moins de la solitude qu'elle n'en aggravait la sensation, je continuais cependant à les dévorer, car eux seuls m'exhortaient à cultiver une amitié pour moi-même, indispensable pour se livrer aux délices de l'autodénigrement.

Mais comme je n'en étais pas encore tout à fait là, mes choix littéraires demeuraient restreints. Je ne lisais que des auteurs d'un autre temps, français ou étrangers – peu d'auteurs vivants – et, bien sûr, à condition que leurs héros fussent pour moi des frères. Intime de Philip Marlowe aussi bien que de Dorian Gray, je me trouvais du panache à flâner ainsi, mon inactualité à la boutonnière.

En entrant en classe de seconde littéraire, au tout début des années soixante-dix, j'eus la chance de connaître, non pas, comme c'était le cas jusque-là, un « professeur de français », mais un professeur de *lettres* qui sut encourager, rien que par sa personnalité, mon goût pour la lecture. C'était un homme de la quarantaine, le cheveu ras, l'œil bleu, strict dans sa tenue vestimentaire, et qui affichait l'effet même que la littérature avait produit sur lui, une sorte de miracle à rebours à la faveur duquel sa chair était devenue verbe. Ce qui nous frappait, mes condisciples et moi, était la qualité jusque-là inouïe – au sens littéral du terme – de son langage, une rhétorique très aisée et précise, un rien précieuse parfois, mais jamais pédante. Au roman, notre professeur préférait le théâtre, préférence qu'il justifiait en nous disant que si les écrivains mettaient tant de soin à choisir leurs mots c'était pour qu'ils fussent prononcés. Selon lui, un poète, un romancier, un philosophe, nourrissaient tous le secret désir d'être cités dans une conversation ou un discours. « Pas d'autre raison d'écrire que l'oraison », martelait-il, convaincu qu'un texte n'était beau que s'il réussissait son passage de l'écrit à l'oral et qu'un bon écrivain relisait ses phrases à haute voix avant même de les écrire.

Sans m'en rendre compte, non seulement j'héritais de ce professeur l'assurance qu'un sophisme donne plus à penser qu'une sage vérité, mais aussi ce libertinage de l'esprit qui consiste à caresser les idées sans jamais les épouser. Au lycée, cet homme passait, comme on disait à l'époque, pour un « réac ». Pied-noir rapatrié d'Algérie, il ne cachait ni son anti-gaullisme, ni son anti-communisme, ni son catholicisme fervent. Parfois, nous le voyions arriver tendu et d'humeur massacrante. Alors, debout sur son estrade, martial et solennel, ivre de grandiloquence, il prophétisait des temps de décadence et d'avachissement planétaires. La France, quant à elle, livrée aux banquiers et aux intellectuels de gauche, était d'ores et déjà condamnée à s'américaniser dans ses mœurs et à se soviétiser dans sa culture. Nous aimions qu'il se livrât de temps à autre à ce numéro de bousillage, numéro d'autant plus jubilant que nous admirions, par ailleurs, la probité avec laquelle il nous exposait la valeur littéraire et la portée philosophique de *La Nausée* de Sartre – et, aussi, le talent avec lequel il nous avait fait jouer, en classe, *Huis clos.* Son mépris pour le Sartre « encagé », n'occultait en rien son estime pour le jeune Sartre « existentialiste ». Sans me le formuler clairement, je devinais qu'il y avait alors chez cet admirateur de Bloy et de Bernanos moins de foi que de désespoir, et que son catholicisme était, non pas une pose, mais un réflexe de légitime défense d'esthète en butte à ce qu'il appelait « la scholastique moderniste » – désignant par là, pêle-mêle, la sémiologie, le marxisme, le structuralisme, le nouveau roman et autres avant-gardismes. À sa manière, lui aussi était un inactuel prêt à sacrifier tous les problèmes de théorie littéraire pour la seule question du style, et toutes les idées générales pour quelques obsessions.

Il ne jurait que par Montaigne et les moralistes du XVIIe et du XVIIIe siècle – Pascal, La Rochefoucauld, Chamfort – sur lesquels il revenait souvent, nous rappelant qu'ils étaient non des philosophes, mais des penseurs. Le penseur ne raisonne jamais et n'apporte aucune lumière sur le monde. Il s'efforce d'être lucide sur lui-même – ce qui éclaire bien mieux les hommes. Si Montaigne et Pascal figuraient en bonne place dans nos *Lagarde et Michard*, il n'en était pas de même pour La Rochefoucauld et Chamfort, carence qui me donna l'envie de me procurer sans tarder leurs ouvrages à tous. Rédigés en un français un peu difficile, les *Essais* de Montaigne m'obligèrent à une lecture en survol. En revanche, les recueils de pensées des trois autres, plus abordables, m'invitèrent à une lecture immédiate. En les ouvrant à n'importe quelle page, j'y prélevais une maxime où l'amertume, le cafard et le dégoût des humains qui poissaient leurs veines jaillissaient sec et fluide. Je m'achetai aussitôt un petit carnet, que j'intitulai *Bréviaire de l'ennui*, dans lequel je comptais mettre mon ego en formules et l'humanité en boîte. J'y consignai l'aphorisme suivant : « Quand on dit que la Nature a horreur du vide je me sens toujours visé. » Ce fut le premier et le dernier. Je resterais longtemps un génie débutant.

Cela dit, lassé, je suppose, de consacrer son énergie aux seuls auteurs du programme et malgré ses attaques contre les faiseurs d'idées, notre professeur nous poussait insensiblement vers une littérature plus métaphysique. Il n'était pas rare qu'il fît allusion à certains philosophes dont le nom sonnait étrangement bien à nos oreilles et qui, selon lui, avaient, sinon directement influencé tel ou tel écrivain moderne, du moins avaient trouvé dans son œuvre un écho ou une illustration littéraire de leurs pensées – et inversement. Comme nous ne pouvions pas lire *À rebours* de Huysmans sans rien savoir de Kierkegaard, ni *Les Frères Karamasov* de Dostoïevski sans rien savoir, non plus, de Nietzsche, il évoquait alors leur respectif sentiment esthétique et tragique de l'existence. Flattés qu'il pût nous créditer d'une telle maturité intellectuelle, nous l'écoutions dans un silence encore plus recueilli qu'à l'ordinaire. En une heure de cours passée à nous expliquer, par exemple, la notion de l'instant ou celle de l'éternel retour, il nous propulsait deux années plus loin, en classe de philosophie.

Bien qu'il ne mentionnât le nom de Schopenhauer qu'une seule fois, j'ai le souvenir très vivace que c'était pour souligner le profond impact que ce philosophe avait eu sur la littérature française, de Flaubert à Proust, *via* Maupassant. Il nous apprit que sa pensée tenait en une phrase – « La vie oscille comme un pendule, de gauche à droite, de la douleur à l'ennui » – dont il nous imposa de prendre bonne note. Je ne sais pourquoi, je n'eus pas alors la curiosité d'aller plus avant dans la lecture de ce philosophe. Moi qui souffrais, non pas de la solitude mais de la multitude, j'aurais fait mon miel des *Aphorismes pour une vie sage.* Car tout y est : cette remarque, d'abord, selon laquelle on distingue l'homme de qualité de l'homme vulgaire au fait que le premier saisit l'ennui comme l'occasion de se découvrir et de se cultiver, bref, comme un loisir – tandis que le second ne cherche qu'à s'abrutir dans le travail et les distractions auxquels la société le voue; cette autre remarque, ensuite, selon laquelle l'homme de qualité doit fuir le commerce de l'homme vulgaire et défendre sa solitude comme on défend sa peau. Si, en pleine rixe des consciences juvéniles, je m'étais dopé au venin schopenhauerien, sans doute aurais-je changé de stratégie : au lieu de saisir au vol des menaces en l'air, m'effacer, plutôt, dans l'encre de l'indifférence. Qu'importe ; mon rendez-vous avec Schopenhauer n'était que partie remise.

Mon professeur de lettres incarnait la figure de l'Orateur ; mon professeur de philosophie se présenta sous la dégaine du Raisonneur. D'emblée, en matière de lecture, il nous conseilla les quatre tomes de notre manuel et surtout, la presse, insistant sur ce mot de Hegel selon quoi « la lecture du journal est la prière quotidienne du citoyen ». Admirateur d'Auguste Comte, il n'avait aucun faible pour la métaphysique ; en revanche, l'épistémologie et les sciences humaines étaient son fort – exception faite de ce qu'il appelait « la psychologie freudienne », trop « sexualisante » à son goût et, surtout, peu fiable en raison d'un manque total de données statistiques (!). Son souci était de ruiner le préjugé selon lequel la philosophie consistait en des spéculations sur l'être, le bien, le bonheur, Dieu. La philosophie au sens moderne du mot, s'entend ; car celle qui s'était égarée dans le vague appartenait à la préhistoire de la pensée, époque révolue depuis les Lumières et le développement des sciences de la nature et de l'homme. Il y avait donc un progrès en philosophie comme il y en avait un en science – le premier découlant du second – de sorte que si les métaphysiciens classiques présentaient un intérêt muséographique, les contemporains étaient à mettre dans le même sac, ou presque, que les escrocs de l'ésotérisme. Bref, autant de discours à la Monsieur Homais, mais qui, justement, eurent la vertu de savonner ma pente naturelle à bovaryser.

En ce temps-là comme aujourd'hui, le lycée de Biarritz se voulait un lycée chic pour être fréquenté en grande partie par des rejetons de commerçants, de médecins et de notaires. Philistins en tout, ces jeunes bourgeois devaient réussir leurs études afin de reprendre et faire fructifier les affaires de leurs parents. Même s'ils avaient déjà hérité d'eux l'habitude de penser bassement, cela ne les rendait pas forcément antipathiques.

C'est à cette même époque que j'ai rencontré un garçon que j'ai aimé.

Il avait le tic de rejeter ses cheveux longs et blonds en arrière, comme le font certaines jeunes filles au sortir d'un bain de mer et qui se savent regardées. D'ailleurs, il se savait regardé. Quand il traversait la cour du lycée, sa vénusté jetait le trouble tant chez les garçons que chez les filles. Alors que j'affectais de ne voir personne, mon regard ne pouvait qu'accrocher au passage de ce don Juan au sexe incertain, qui me rappelait le jeune acteur qui incarne Tadzio dans *Mort à Venise* de Visconti. Quand il daignait poser les yeux sur quelqu'un, il exerçait un charme dominateur dont on se sent un rien humilié, mais dont on ne cherche pas non plus à se défendre. Irrité de le voir toujours entouré d'admiratrices promptes à poser leur tête sur son épaule pour un oui ou pour un non, je voulais le séduire selon la seule manière qui s'imposait : me rendre devant lui coupable du délit de belle gueule. Peut-être est-ce ce qui se produisit lors de cette soirée où l'on m'interdit d'entrer – au prétexte futile que je n'étais pas convié –, et dont il prit congé sur le champ, déclarant l'indésirable plus fréquentable que ceux qui étaient de la fête. Comme les mousquetaires, nous nous sommes reconnus au moment de faire connaissance. Nous nous découvrîmes une aversion commune pour la société, ses défenseurs, ses ennemis, que sais-je encore ? Nous disions du mal de beaucoup de moulins à vent et nous espérions que nos sarcasmes nous conduiraient à être fichés au grand banditisme de la négation. Nous nous repassions les livres de Guy Debord et de Jean-Patrick Manchette et aussi une petite garçonne, Joan, que nous appelions entre nous Johnny. J'étais fier que l'on m'aperçût avec lui, autant qu'aux côtés d'une belle fille.

Son père voulut qu'il s'inscrivît à la faculté de médecine de Bordeaux. Il ne se rendit qu'aux cours d'anatomie et de dissection. Jusqu'au jour où une voisine d'amphithéâtre lui incisa le cœur. Il eut juste le temps de me la présenter. Un matin de septembre, alors qu'il rentrait chez lui sur son Solex après une nuit de plaisirs, une voiture conduite par un ivrogne expédia mon ami en un éclair n'importe où hors du monde. Mon ami avait dix-huit ans ; il s'appelait Jacques.

À cette époque, attelé plus que jamais au travail du deuil – le seul travail sérieux auquel je me sois consacré dans ma vie –, et conscient que le métier de vivre serait prenant, je ne nourrissais pas la moindre ambition professionnelle. Mais une fois mon baccalauréat en poche, comme je voulais retarder ma sortie de la vie contemplative, je n'avais d'autre choix que de m'inscrire à l'université. Les années soixante-dix touchaient à leur fin, et même si de grandes consciences projetaient encore de transformer le monde, ma petite jugeote me souffla qu'il était plus reposant de l'interpréter. Je me lançai donc dans des études de philosophie à Toulouse où, très vite, je m'avisai que, pour un apprenti philosophe, la recherche de la sagesse compte moins que la lecture érudite des doctrines – sauf à considérer, bien sûr, que pareille tâche est déjà, en soi, une sagesse. Or c'en est une – une ascèse même –, et cela pour deux raisons.

La première est d'ordre comportemental. Ayant pris depuis l'enfance l'habitude de bouquiner allongé, voici qu'il me fallait désormais prendre place à une table – seule position adéquate dans laquelle, durant de longues heures, crayon dans une main et tasse de café dans l'autre, je progressais dans *l'Éthique* ou, plus éprouvant encore, dans les *Prolégomènes à toute métaphysique future qui pourra se présenter comme science.* Comment rester *in bed with* Spinoza ou Kant sans verser dans le coma ? La seconde raison est, bien sûr, d'ordre intellectuel. Parce qu'elle oblige à une attention soutenue, quotidiennement recommencée et qui doit être archivée en ordre dans la mémoire, la lecture des œuvres philosophiques suppose une disponibilité d'esprit à peu près totale, disponibilité que je ne pouvais obtenir qu'en modulant certaines de mes manières de vivre. Plus question, donc, de traîner aussi longtemps au lit – sans pour autant renoncer à mes siestes –, mais, également, plus question d'aller aussi souvent braconner sur la carte du Tendre – comme j'avais fini par en prendre l'habitude à la suite de quelques succès encourageants. Affaire, non pas de renoncement ou de sacrifice, mais de mesure. Le loisir sans l'étude revient à s'enterrer vivant, dit Sénèque. Ce n'est qu'au bout de quelques mois que cette sentence prit un sens pour le jeune indolent que j'étais, si accoutumé à son désemploi du temps. Car peu à peu, non seulement je n'éprouvais plus de peine à lire longtemps – et assis! – de la philosophie, mais je savourais un plaisir comparable à celui que me donnait la lecture des romans : le plaisir du *dépaysement*.

Quand on qualifie les systèmes philosophiques de « visions de la réalité », je pense qu'il serait plus précis de les qualifier de « vues sur la réalité » – comme on parle de vues sur la mer, sur les canaux de Venise ou sur les toits de Paris. *Théoria*, en grec, signifie « contemplation ». Si la réalité de Platon n'est pas celle d'Aristote, si la réalité d'Aristote n'est pas celle de Descartes et si cette dernière n'est pas celle de Leibniz, c'est parce que chacun de ces philosophes se place sous un certain angle pour regarder et interpréter la réalité, c'est-à-dire la traduire en concepts et en métaphores propres à sa sensibililité et à son génie littéraire. Autant de philosophies, donc, autant de réalités. Je dirais quant à moi : autant de philosophies, autant d'utopies.

Le terme de *métaphysique* suggère que la réalité (*phùsis*) ne se trouve pas là, sous nos yeux, mais au-delà (*méta*) de ce que nous percevons – ce que nous percevons n'étant que l'apparence confuse et trompeuse de la réalité. Partant de l'amer constat que tout ce qui existe, aléatoire et éphémère, n'offre qu'inconsistance, les métaphysiciens passent outre à ce constat et s'évertuent à viser et à atteindre une *outre-réalité*, justement, stable et identique à soi, qu'ils tiennent alors pour la seule réalité essentielle et authentique. En lisant, par exemple, Platon j'en venais à me demander s'il était philosophiquement correct d'aborder de jeunes beautés sachant que, soumises au vandalisme du temps, elles ne seraient bientôt ni jeunes ni belles ni désirables – et, donc, s'il ne valait mieux pas, comme le conseillait son Socrate dans *Le Banquet*, détourner d'emblée mes yeux vers la Beauté en soi, éternellement jeune. Même sentiment à la lecture de Heidegger semblant déplorer qu'en ne me souciant que des seuls phénomènes, je vive dans l'oubli de leur

« phénoménalité » ou de leur « dévoilement ». À les en croire tous deux – et d'autres métaphysiciens – quand bien même, à l'évidence, j'éprouvais dans ma chair que le monde est un chaos et la quête du sens une impasse, je devais nier cette évidence et, le regard porté vers une réalité transfigurée par leur verbe, affirmer qu'il y a bien de l'être par-delà le non-être. Voilà pourquoi, je pense, Montaigne qualifiait les métaphysiciens de « poètes sophistiqués » ; voilà pourquoi Freud, je pense aussi, les considérait comme des « paranoïaques » – pour forcer la folie du monde à leur rationalité – ; et voilà pourquoi je parlais plus haut du *dépaysement* que suscitaient en moi leurs œuvres – dépaysement radical pour avoir affaire, sous leur plume, à un néant qui ne ressemblait plus à rien.

Loin de moi cependant l'idée de renoncer à mes lectures ; car, quitte à user d'un cliché, je dirais que l'étude des philosophes me permettait de faire une expérience à laquelle peu de gens s'adonnent, à savoir penser contre soi-même. « Le bon sens est la chose au monde la mieux partagée, écrit Descartes, car chacun pense en être si bien pourvu, que ceux même qui sont les plus difficiles à contenter en toute autre chose, n'ont point coutume d'en désirer plus qu'ils en ont. » En d'autres termes : tout le monde est intelligent, même les crétins qui, par définition, se croyant plus intelligents que les autres, ne cherchent surtout pas à l'être. Je trouve surprenant que personne n'ait saisi l'ironie vacharde de cette célèbre phrase par quoi débute le *Discours de la méthode.* Sans doute est-ce l'expression « bon sens », utilisée à la place du mot « intelligence », qui en a brouillé la compréhension et que des commentateurs, inspirés par le philosophe lui-même, ont cru bon de remplacer par « raison ». Pour Descartes, le bon sens n'est pas tant la raison que la faculté de « bien juger », ce à quoi les crétins ne parviennent jamais, ou par hasard, et ce à quoi, même des esprits plus avisés, parviennent rarement – d'où le projet du *Discours* de proposer une méthode. Le « bon sens » selon Descartes n'est autre que le *discernement,* soit une capacité de lire « clairement et distinctement » au-dedans de la réalité afin qu'on en retire quelque savoir et, si possible, quelque moyen de s'y repérer – mais aussi une capacité qui suppose de faire violence à notre esprit spontanément enclin à se vautrer dans les valeurs, les préjugés et les croyances qui saturent la réalité de sens. Chercher à *lire au-dedans* de la réalité, alors qu'elle se présente – ou qu'on nous la présente – comme lisible, est, me semble-t-il, ce qu'on appelle l'intelligence – si j'en crois, du reste, l'étymologie : *intus-ligere.*

Si, donc, comme tout le monde, je n'avais jamais douté que je puisse penser, en revanche, il m'avait toujours paru douteux que je sache penser intelligemment, c'est-à-dire, comme l'indique cette fois l'étymologie du mot penser – *pendere* –, peser ou mesurer la pertinence des idées ou des représentations que je pouvais me faire de la réalité. Or en mesurant ma pensée à la pensée des auteurs – et même si par flemme je ne la creusais pas toujours comme il le fallait –, j'apprenais à lire la réalité de manière moins subjective et moins affective. Moins subjective, car en acceptant, le temps de les lire, de me conformer à leurs différents point de vue – aussi abstraits fussent-ils –, la réalité s'enrichissait à mes yeux d'aspects multiples ; moins affective, car en suivant au plus près leurs analyses et définitions, je devais raisonner à leur manière – et ainsi lever un peu le nez de mon nombril.

Peut-être m'objecterait-on que si, comme je l'ai dit, la plupart des philosophes dressent moins un constat des lieux de l'existence qu'ils n'enseignent une géographie de l'Ailleurs, leur lecture, dès lors, ne pouvait m'être d'aucune utilité pour comprendre la réalité. Je ferais alors remarquer que les systèmes philosophiques – à condition de les prendre dans leur ensemble, non dans leur unité – n'ont pas vocation à nous faire comprendre la réalité, mais bien plutôt à aggraver son caractère incompréhensible et, partant, à forcer notre réflexion. Si la réalité se donnait à vivre autrement que sur un mode absurde, tragique et angoissant, la philosophie n'existerait pas comme elle existe, plurielle, protéiforme, et, surtout, contradictoire. Il y aurait eu, en ce cas, à un moment donné de l'Histoire – et une bonne fois pour toutes – *un* sens unique révélé par un seul philosophe réduisant à néant tout autre sens. Encore une fois, si les philosophes n'ont jamais pu donner une explication globale de la réalité, c'est parce que chacun d'entre eux n'en pouvait produire qu'une interprétation parcellaire, la sienne, laquelle en suscitait forcément une autre, distincte, chez l'un de ses contemporains ou successeurs. Aussi n'était-ce pas la théorie d'un philosophe dans son ensemble qui retenait mon intérêt, mais plutôt sa perspective sur un « détail » de la réalité ou de la vie, perspective que je pouvais ensuite comparer – peser et mesurer – avec celle d'un autre philosophe. Ainsi, par exemple, si le dualisme de l'intelligible et du sensible chez Platon me semblait oiseux, tandis que le monisme du réel chez Spinoza me semblait évident, en bon matérialiste préoccupé des états de son âme, j'adhérais plus volontiers à la conception du désir du premier – comme privation douloureuse d'être – qu'à celle du second – comme puissance d'être. Incohérence doctrinale ? Sûrement – je ne vois pas pourquoi les affinités intellectuelles entre un auteur et son lecteur ne reposeraient pas, comme toutes les affinités, sur des malentendus et, aussi, sur des désaccords. Mais cohérence existentielle plus sûrement encore; et je pourrais multiplier les exemples montrant que lire les philosophes m'a conduit à faire coexister en moi les vues les plus antinomiques sur la réalité, lesquelles, sans jamais épuiser sa radicale insignifiance, en ont éclairé cependant certaines facettes ou recoins. C'est ainsi que j'ai usé de ma culture philosophique comme d'un petit guide portatif de désorientation.

Si, donc, je devais brièvement répondre à la question de savoir pourquoi je suis allé vers la philosophie, je dirais que c'est à cause d'un père qui, en mourant, me condamna au besoin d'en savoir plus sur un monde où il me fallait vivre sans lui. En fréquentant les philosophes, je m'étais figuré qu'ils m'apprendraient une langue paternelle et qu'ils allégeraient ma condition d'orphelin. Illusion. Je ne suis jamais parvenu à passer du *pathos* au *logos*, ni à pondre une ligne de ma *Métaphysique du chagrin*. Mais, faute de me consoler, leurs ouvrages m'ont permis de me réjouir de ne pas pouvoir tout comprendre de la réalité et, surtout, de douter en permanence des discours qu'on tient à son sujet – ce qui ne fait pas de moi un sage, mais un amateur d'incertitudes, soit, tant pis pour ma modestie, quelqu'un d'assez allergique à cette forme d'esprit qui assure tout comprendre et que le bon sens appelle crétinerie.

Mon Socrate

« Il est difficile, et peut-être impossible, de dire ce que fut le Socrate historique, bien que les faits de sa vie soient pourtant bien attestés. »

Pierre Hadot.

Socrate rentre chez lui. Il a beaucoup bu. Plus que les autres, en tout cas. En quittant à l'aube la demeure d'Agathon, il est ivre, mais cela ne se remarque pas. Cheminant dans les ruelles d'Athènes vides et silencieuses qu'il pourrait suivre les yeux fermés, il repense aux discours sur l'amour tenus par ses amis durant le banquet – passablement éméchés eux aussi :

Agathon et Aristophane, les deux poètes, Pausanias le libertin, Éryximaque le médecin, et Phèdre, l'ardent disciple d'Hippias. Chacun a levé sa coupe en hommage à Éros, célébré comme le dieu du plaisir, de l'harmonie et de la bonté. Socrate, lui, a parlé le dernier. Ce qu'il sait de l'amour, il l'a appris de Diotime, une prêtresse de Mantinée. Éros est l'enfant de Pénia, la Misère, et de Poros, l'Expédient ; ce n'est pas vraiment un dieu, mais un *daimon* vivant en parasite dans l'âme des mortels qui se voient condamnés au régime alterné des tourments de la solitude et des fausses joies de la passion. C'est d'ailleurs ce que, en déboulant sur le tard dans la fête, Alcibiade est venu confirmer, évoquant son désarroi d'être depuis longtemps séduit et éconduit par Socrate, chez qui Éros semble n'avoir aucune prise.

Alcibiade se trompe, sourit Socrate. Même si je le dissimule, le désir a toujours produit sur moi autant de ravages que le vin. On le dit assez et à juste titre : Athènes est la cité de la tentation. Les garçons y sont jeunes, beaux, élégants, et leur naissance les voue à de grandes carrières politiques et militaires. Pourquoi Éros aurait-il épargné un homme comme moi, issu du bas peuple, laid et mal fagoté ; et pourquoi aurait-il fait que, parmi tous ces jeunes hommes que je frôle, l'un d'eux me regardât avec une morsure au cœur ? Alcibiade répète pourtant qu'il est amoureux de moi. Pour que le miracle ait eu lieu, je n'avais d'autre choix que de loger moi-même ce démon dans son âme. Sachant qu'il sacrifiait comme les jeunes Grecs de sa condition à la mode de ces beaux discours où excellent les sophistes, je l'ai séduit à ma manière, en flirtant. Les sophistes, des métèques pour la plupart, ont besoin d'argent pour vivre à Athènes, et les ambitieux qui recherchent leurs compétences les achètent au prix fort. Avançant quant à moi sous le masque du désintéressement et, déclarant tout ignorer de la vertu, j'ai fait croire à Alcibiade que c'était de lui, et de lui seul, que j'en attendais l'enseignement pour l'avoir décelée en sa belle apparence. C'est la même chanson que j'ai tenue à Charmide, Euthydème, Platon, et bien d'autres, et aucun n'a résisté longtemps à devenir le disciple d'un maître en quête de savoir. D'ailleurs, je ne sais plus lequel d'entre eux a inventé pour moi le nom de philosophe – Platon, peut-être.

L'ironie de l'affaire est que je me suis moi-même pris au jeu. À force d'interroger leurs opinions sur la politique, la justice, l'éducation, l'amour, la mort, etc., et, mi-plaisant, mi-sérieux, d'exiger qu'ils me répondent précisément, j'ai fini par ne plus percevoir ces jeunes hommes comme les objets de ma convoitise, mais chacun d'eux comme un fils dont je ne désire désormais qu'une faveur : qu'il affirme sa personnalité face à la mort. C'est ainsi que je suis aimé sans posséder personne. On ne tombe que dans les pièges qu'on se tend à soi-même.

Socrate aperçoit sa demeure. Des soldats l'attendent. Un officier s'avance vers lui. Il est venu l'arrêter. Une plainte a été déposée contre lui. Elle provient de trois hommes, Anytos, Mélétos et Lycon, des citoyens influents. Socrate ne les connaît pas et l'officier n'en sait pas plus. On le conduit auprès d'un magistrat. Les plaignants prétendent que Socrate a cherché à endoctriner leurs fils en leur prêchant une obscure hérésie. Cela reste bien sûr à prouver; mais en attendant, l'accusation est grave. Il n'y aura pas d'enquête. La véracité de l'accusation sera établie au cours du procès qui aura lieu dans un très bref délai, sur l'agora. Le magistrat demande à Socrate s'il désire l'assistance d'un avocat. Socrate rit. Tout ce dont il a besoin pour l'heure, c'est d'un peu de sommeil.

Le tribunal se compose de cinq cents membres. Une petite foule prête à juger un seul homme. Un homme seul. Dans la masse silencieuse du peuple, Socrate reconnaît ses amis regroupés au premier rang, à sa droite. Sous la tribune des juges, Mélétos, Anytos et Lycon l'observent. Un huissier actionne la clepsydre et on lui donne la parole.

Au préalable, il en appelle à l'indulgence des Athéniens. Ils vont écouter un homme de plus de soixante-dix ans, las, et qui n'a aucune éloquence. Il aurait pu lire sa plaidoirie, mais n'ayant jamais pris la peine d'écrire la moindre ligne sur quelque sujet que ce soit, il ne va pas déroger à cette habitude le concernant. Et puis il serait long et fastidieux de l'entendre lire. Comme le temps des Athéniens est précieux, il s'en tiendra à quelques remarques.

Tout d'abord, il s'étonne que ses accusateurs affirment le connaître alors que, pour sa part, il les voit pour la première fois. Il s'étonne ensuite que ce ne soient pas leurs fils, auxquels il aurait fait du tort et qu'il connaît bien, qui portent plainte contre lui. Pourquoi ces derniers ont-ils pris place au milieu de ses amis et non aux côtés de leurs pères ? Mais qu'importe. Il s'attendait à comparaître tôt ou tard devant cette juridiction populaire – la même qui, quelques années auparavant, interdit d'enseignement Protagoras et fit brûler publiquement ses ouvrages. Comme son vieil ennemi intime, le voilà aujourd'hui poursuivi pour impiété, à quoi s'ajoute le grief de corruption de la jeunesse. De quelle corruption s'agit-il ? Qu'un seul de ses jeunes disciples ici présent témoigne que lui, Socrate, a donné un cadeau en argent ou en nature en échange d'avantages. De condition modeste et accablé d'un physique ingrat, qu'aurait-il à offrir à des jeunes gens riches et beaux ? Qu'aurait-il pu recevoir d'eux ? Rien n'a changé dans son train de vie et nul ne conteste qu'il est l'homme le plus chaste d'Athènes. Le terme de corruption vise donc son enseignement. Là encore, de quoi parle-t-on ?

Pour enseigner, il faut être savant. Or que sait-il ? Contrairement aux autres sophistes, il ignore tout des sciences de la nature, du droit et des subtilités de la rhétorique. Il n'a jamais ouvert d'école. Ou alors, son école c'est la rue. Comme il en a le loisir, il prend plaisir à flâner dans Athènes et à évoquer avec des quidams les choses de la vie. Pourquoi les jeunes gens semblent particulièrement goûter son commerce ? Peut-être, justement, parce qu'il ne leur dispense aucune connaissance et les conduit seulement à examiner la pertinence de certaines opinions si solidement vissées dans les crânes qu'elles passent pour être des connaissances. Enseigner c'est transmettre un savoir ; or, lui, en interrogeant le contenu du savoir de ses interlocuteurs, parvient souvent à leur faire admettre qu'ils croient savoir, autrement dit, qu'ils ne savent pas grand-chose. Au fond, avec lui, la jeunesse se plaît à désapprendre. Non qu'elle renonce au savoir, mais voyant que les croyances en usurpent la place dans leurs esprits, elle finit par douter de tout. Et comme ces fréquents et longs échanges empiètent sur le temps consacré à leurs activités civiques, certains jeunes gens ne perçoivent plus leur vie de la même façon. Prenant conscience qu'ils n'avaient été mis au monde et reçu une éducation que pour parachever les ambitions sociales de leurs pères, ils ne tardent pas à éprouver le pénible sentiment qu'on les a détournés d'eux-mêmes. C'est corrompre un homme, pensent-ils, que de réduire son existence à une carrière ou à une fonction. L'idéal serait de connaître son propre désir et de le suivre. Ainsi s'engendrerait-on soi-même. Voilà pourquoi ces jeunes hommes lui sont reconnaissants de les avoir rendus à eux-mêmes. Voilà pourquoi leurs pères le traitent de criminel. Quand un père ressent qu'il cesse d'être un modèle pour son fils, il vit cela comme une impiété filiale. Il cherche alors un coupable. Et c'est à lui, Socrate, homme sans qualité, qu'on impute à crime de prendre le rang d'un père spirituel. Pire qu'un corrupteur, c'est un séducteur. Et si le tribunal abonde dans le sens du ressentiment de ces pères détrônés, il admet que sa cause soit indéfendable et qu'elle appelle le châtiment suprême. En attendant, il ne suppliera pas sa grâce. La pitié est méprisable.

Socrate a fini de plaider. Les juges passent au vote. Par une majorité de soixante voix, ils le déclarent coupable ; mais, comme le veut la loi, ils lui permettent, de même qu'à ses accusateurs, de proposer une peine. Propositions faites par les deux parties, le tribunal tranchera et sa décision sera irrévocable. Mélétos, Anytos et Lycon réclament la mort. Comme il estime n'avoir jamais nui à personne, Socrate ne voit pas davantage l'intérêt de se nuire. Aussi demande-t-il sa relaxe et une pension de sénateur. Athènes lui doit bien cette reconnaissance. Outrés, les juges prononcent son arrêt de mort. Le coupable devra dans un mois – au retour de la flotte marchande partie pour Délos – périr par ingestion d'une substance létale.

À la date fixée, dans sa cellule et entouré de ses amis en pleurs, Socrate lève sa coupe en hommage à Dionysos et boit d'un trait son dernier cocktail – une dose de ciguë pour trois doses de vin.

Pédagogie de la misère, misère de la pédagogie

« La caractéristique de l'époque,
c'est que l'homme vulgaire,
tout en se sachant vulgaire, ose affirmer
le droit à la vulgarité et l'impose partout. »

José Ortega y Gasset.

Du temps de Socrate, on autorisait les commerçants et les artisans à ne tenir boutique sur l'agora qu'à certaines heures de la journée. Une fois leurs petites affaires faites, on les obligeait à décamper pour permettre aux hommes libres de se consacrer aux urgences de leur oisiveté. Aussi l'agora ne désignait-elle pas seulement la place du marché, mais le lieu public où on exerçait la *skolê*, soit *l'art de ne rien faire*, c'est-à-dire rien de semblable aux activités utiles et commerciales jugées serviles au regard des activités de l'esprit, telles que les débats politiques, éthiques et esthétiques qui passionnaient les Grecs. Quand plus tard les Romains traduisirent le terme de *skolê* par *otium*, le loisir, ce fut pour l'opposer au *negotium*, le négoce, jugé pour le coup carrément vulgaire. Si bien que ce mot, *skolê*, finit par donner le mot *école*, lieu où on ne se rassemblait que pour s'adonner au plaisir gratuit de s'instruire, de penser, d'échanger des idées, bref, de se cultiver, à l'exclusion de toute autre tâche. Et comme cette antique oisiveté fut la mère, entre autres vices, de la philosophie, je ne pouvais que m'y consacrer.

Mais, arrivant revêtu de mes peaux d'âne en qualité de professeur de philosophie dans l'école de la nouvelle cité – et même si j'en connaissais les mutations pour les avoir vécues moi-même naguère en tant que lycéen –

je vis sans tarder qu'elle était définitivement passée aux mains des héritiers de la « Mélétos-Anytos & Lycon Compagny ».

Pour réactualiser les propos d'Ortega y Gasset dans *La Révolte des masses*, je dirais que le lycée d'aujourd'hui n'est pas épargné par le syndrome de l'« agglutination », ou du « plein », qui affecte toujours plus la société. Soumis à une incessante inflation démographique, le lycée accueille les jeunes gens en si grand nombre qu'il est devenu un lieu concentrationnaire. Comme dans un camping, on y circule dans la plus grande décontraction, en vêtement de sport aux marques bien visibles et *walkman* sur les oreilles ; on stationne longuement par groupes, ou par grappes, en des endroits choisis pour leur agrément – un distributeur de boissons, une pelouse, un carré de bancs, un coin ombragé – ; on s'adonne à des activités parascolaires des plus ludiques et aussi à toutes sortes de petits trafics. Mais une chose est de prendre en compte cette saturation quantitative, autre chose d'en mesurer les effets qualitatifs. Ainsi, de même qu'Ortega notait que l'irruption des masses avait engendré dans la société un type dominant d'individu, *l'homme-masse*, qui n'en appelle qu'à ses caprices qu'il érige en droits, de même puis-je affirmer qu'en raison de la massification de l'enseignement on assiste depuis quelques années à l'émergent grouillement d'un nouveau type de lycéen, que je nomme quant à moi le *lycéen moyen*.

Par *lycéen moyen* je ne désigne pas l'élève qui obtient des résultats passables. Peu importent ses résultats. Car, bon ou nul, le lycéen moyen s'affirme avant tout en tant que *jeune*, et exige de l'institution scolaire qu'elle le reconnaisse comme tel, et non comme un élève. « Que le lycée s'adapte à moi, et non l'inverse ! » crie le jeune, affichant par là son appartenance à une masse et surtout son désir de ne pas s'en distinguer. Au lieu de concevoir sa scolarité comme l'étape où, sur le chemin de sa vie, il lui est possible de s'arracher aux limbes de l'ignorance, il l'éprouve au contraire comme le moment où des étrangers à son âge, les adultes, cherchent à violer son innocence. Dans la mesure où, durant le temps passé au lycée, il lui faut mettre entre parenthèses ses états d'âme, ses appétits, ses goûts, ses certitudes, ses incertitudes et ses petits divertissements, pour n'aller requérir en lui-même que sa puissance réflexive et rationnelle ; et dans la mesure où il ne trouve nul écho de son ego dans les vastes et austères disciplines qui sollicitent son intellect, il impute à crime ceux qui s'efforcent de l'y élever de lui manquer de respect. Ainsi leur voue-t-il un ressentiment qui prend, tantôt la forme d'un rejet pur et simple – quand il ne les agresse pas verbalement et physiquement –, tantôt la forme d'une concession pragmatique.

En cela, je ne vois pas que le désintérêt que le lycéen moyen montre pour le loisir studieux détonne avec la régression à l'âge adolescent de l'ensemble de la société. Pour juger du phénomène – décrit à la perfection par Philippe Muray – il me suffit d'observer et d'écouter mes contemporains. Leur obsession de la fête, leur boulimie de stupéfiants, leur enthousiasme pour les grandes messes du rock, de la techno et du sport, leur goût pour les distractions audiovisuelles, leur fascination à l'égard de la technologie de pointe, bref, leur pleine adhésion à ce que des sociologues appellent sans plaisanter des « pratiques culturelles nouvelles », toutes placées sous le signe de l'hédonisme sympa et convivial, témoignent à l'envi de la puérilisation de leur intelligence. Si bien que dans le dialecte jeune, qui a fini par supplanter le langage traditionnel, l'impératif catégorique de l'époque s'énonce ainsi : « Éclatons-nous ! » – slogan qui traduit à merveille le désir de l'homme-masse d'éparpiller son moi en une foultitude de passe-temps. Mais, encore une fois, de passe-temps dits « culturels ». Pour assassiner le jugement et le goût, autant avancer l'alibi de la culture, à l'instar de l'État lui-même qui atteint au crime parfait lorsqu'il institue un *ministère de la Culture et de la Communication.*

Dès lors que l'État permet au négoce d'abaisser les œuvres au rang de produits culturels et d'élever les produits au rang d'œuvres, rien de plus logique qu'il entreprenne de liquider son école. Plus question, en effet, d'y instruire des élèves mais d'y « éduquer les jeunes », rôle en principe dévolu à la famille. Parfaire les aptitudes intellectuelles de la jeunesse est sans doute le but de l'enseignement, mais encore faudrait-il, comme cela paraissait évident autrefois, préparer les esprits à l'instruction, notamment en leur inculquant le dogme selon quoi pour apprendre il faut écouter – et, donc, que ce qui se fait chez soi ne peut se faire à l'école. Faute de ce dressage préalable, on aboutit aujourd'hui à une forme inédite d'enseignement qui produit, non pas une docte ignorance – qui consiste à savoir qu'on ne sait jamais assez –, mais une inculte culture – qui consiste à ne rien savoir mais à s'imaginer le contraire.

Pour n'avoir affaire qu'à des gens en fin de parcours dans l'enseignement secondaire, je crois être bien placé pour témoigner de ce déficit d'instruction élémentaire si fréquent chez le lycéen moyen. Son incapacité à rédiger une dissertation en bon français en est la plus criante des preuves. La faute d'orthographe et de grammaire, l'imprécision du vocabulaire, l'oubli des différents registres du langage, sont les mauvais génies qui animent la copie courante – tant et si bien que lorsque je tombe sur un devoir écrit avec le simple souci de la règle, j'en éprouve une sorte de volupté esthétique, où la sensation du rare se mêle à l'impression de l'exotique. Dans l'indigence générale, ce qui devrait être la norme devient l'exception – étrange situation que des experts en sciences de l'éducation, à la suite de recherches très poussées, ont fini par identifier sous le terme d'*illettrisme*. (Pourquoi l'*illettrisme* plutôt que l'analphabétisme, demandera-t-on ? C'est Guy Debord qui, prudent, conjecture que, si l'analphabète était celui qui n'avait jamais appris à lire, l'illettré, au sens scientifique, serait « tout au contraire, celui qui a appris la lecture, mais qui l'a *par hasard* oubliée ».)

Inexpert en ces toutes modernes sciences de l'éducation, j'avancerais quant à moi, que la cause essentielle de ce « déluge d'écriture sans conscience », selon le mot de Nietzsche, est à chercher dans la désaffection que le lycéen moyen déclare franchement éprouver pour les livres en général et la littérature en particulier. On peut le croire ; car rien que le fait de l'entendre parler, avant même de le lire, donne une idée assez précise du sinistre. (Encore une fois, je n'évoque pas le cas du «jeune» issu de l'immigration, mais du «jeune» de souche française qui, non seulement baragouine sa propre langue maternelle comme s'il s'agissait d'une langue étrangère, mais qui, de plus, parce qu'il ne peut pas la comprendre, ne veut plus l'entendre parler correctement – à tel point que lorsqu'on demande à cet ami professeur de lettres quelle est sa discipline, il répond désormais : «J'enseigne le F.L.M., français langue morte.») Mais je tiendrais aussi pour moi que le refus de lire de la part du lycéen moyen ne serait pas revendiqué avec une telle impudence, si ses parents, sous prétexte d'être accaparés par le négoce, ne lui donnaient pas l'exemple de leur complète *négligence* littéraire – négligence montrant à l'évidence deux choses : l'une, que le *negotium* vise en premier lieu la *négation de la lecture* comme loisir suprême, sens même du verbe *neg-ligere*; et l'autre, pour continuer à étaler mon maigre latin, que, de ne pas parler à son enfant avec le souci des mots, celui-ci restera en effet un *infans*, soit un humanoïde englué dans son babil juvénile et condamné à ne pas pouvoir lire au-dedans du monde.

Je suppose que des sociologues de l'école accrédités par le ministère de l'Éducation nationale, armés de leurs statistiques, me fourniraient la preuve que, malgré les apparences, le niveau du lycéen moyen monte. Dépourvu de la moindre jauge pour mesurer le niveau de ces savants, je leur demanderais néanmoins à partir de quelles observations ils arrivent à pareille conclusion ; car s'ils peuvent voir qu'on s'exerce encore à l'écriture et à la lecture dans le néo-lycée, ils peuvent voir aussi que le livre, déjà tenu de partager ses anciennes prérogatives avec d'autres *media* dans la société – démocratie oblige –, se voit destitué de sa suprématie en son propre royaume. Considéré naguère comme la voie royale menant au savoir, voilà le livre *pour cela même* rabaissé au statut de simple « support écrit » à égalité de prestige avec les autres « supports » – audio-visuels, informatiques – ; et, dès lors, la lecture qui implique – les sociologues s'en souviennent peut-être – solitude, silence, effort personnel de compréhension, devient suspecte d'élitisme et d'incivisme. Un lycéen qui s'élève au-dessus de son âge par le plaisir intelligent de la lecture, se voit accusé par ses congénères, préférant barboter dans la jubilation cucul de la fête, de vouloir s'élever au-dessus d'eux. Mais qu'il ne soit pas un vrai jeune, cela heurte aussi ses professeurs. Pourquoi s'isoler pour lire quand tout le moderne attirail de la communication permet « un travail en groupe » ? Pourquoi se cultiver, quand on peut s'informer de connaissances utiles pour un futur emploi, et cela, dans une atmosphère agréable et détendue ? Par nature individuelle, la culture par le livre singularise ; s'adressant à tous, l'information par l'écran socialise. L'important, c'est de participer. Comme la société du négoce exige des « jeunes » une parfaite adaptation à leur future vie dans une entreprise, autant les soumettre dès l'école aux technologies de la passivité interactive – auxquelles ils sont déjà familiarisés dans leurs jeux – et, vite, substituer à la mémoire historique celle des ordinateurs, au *logos* les logiciels, à l'imagination les images télévisées. Ainsi branchées sur toutes les formes d'intelligence artificielle et virtuelle, les jeunes cervelles peuvent-elles se déconnecter sans le moindre complexe du seul site de l'intelligence réelle : le livre.

Guy Debord note que la démocratie du négoce va souvent plus loin dans le mensonge que la propagande des États totalitaires, en ce que, ayant progressivement et définitivement changé une chose, elle sait en garder le nom. C'est très exactement ce qui se produit avec la culture et son lieu d'élection, l'école, surtout quand, au même moment, ceux-là mêmes qui la détruisent, avec la complicité des grandes bureaucraties syndicales de l'enseignement, n'hésitent pas à parler de « culture d'entreprise ». D'où il appert clairement que l'*illettrisme* n'est pas un effet accidentel et marginal qui se produirait dans le néo-lycée suite à je ne sais quel dysfonctionnement, mais qu'il est bel et bien le but essentiel que lui fixe la société du négoce. En témoigne d'abord le snobisme de ces proviseurs posant aux petits patrons et qui, soucieux de moderniser l'image de leur fonction, se définissent dans un jargon très P.M.E-P.M.I. comme les « décideurs de projets de réussite scolaire des jeunes ». En témoigne, ensuite, la déconcertante souplesse d'échine avec laquelle les maîtres se plient au sabotage technocratique de leur enseignement. On savait déjà qu'ils avaient renoncé à leurs titres d'*instituteurs* et de *professeurs* en se laissant désigner, et en se désignant eux-mêmes, comme des *enseignants* – ayant oublié qu'un *instituteur* est ce maître qui fait *tenir debout* l'esprit d'un enfant, et le *professeur* ce maître qui transmet son savoir à un élève afin qu'il puisse, éventuellement, à son tour, le transmettre – ; on sait maintenant qu'ils ne voient pas la moindre indignité à ce qu'on leur apprenne à enseigner l'incurie en passant par les Instituts Ubuesques de Foutaises Magistrales (I.U.F.M.). Bientôt, un néo-maître n'aura plus le droit de professer sa discipline à des jeunes en vertu de l'autorité que lui confère son savoir, mais leur « communiquera les informations relatives au champ cognitif qu'il gère ». S'étant laissé convaincre que la forme du cours professoral est si archaïque qu'elle inhibe la subjectivité des jeunes, il adoptera les techniques dites de *motivation*, expérimentées avec succès, paraît-il, sur des personnels d'entreprises. Et voilà comment le néo-maître, rompu au conditionnement mental, et soi-même motivé par sa tâche d'animateur pédagogique, contribuera à livrer aux négociants des jeunes qualifiés pour l'esclavage.

J'ai toujours trouvé discutable l'affirmation d'Aristote selon laquelle « tous les hommes ont, par nature, le désir de savoir ». Prétendre que *tous les hommes* ressentent l'ignorance comme un manque auquel il leur faut mettre un terme, et cela, parce qu'elle provoquerait en eux une gêne ou une douleur, ne correspond à aucune réalité, car tout montre au contraire, que l'ignorance peut les combler. Comme étudiant d'abord, comme professeur ensuite, comme proviseur de son Lycée enfin, Aristote aurait dû se rendre compte que ce ne sont pas tous les hommes, mais *certains* hommes, et *très peu*, qui désirent savoir, et qu'ils ne le désirent jamais par nature, mais, pour parler comme lui, par *accident.* Et cet *accident,* justement, c'est ce qu'on appelle l'instruction, soit le moyen *contre nature* par lequel on leur fait goûter au savoir et cela dans le but qu'ils en éprouvent par la suite le manque et, donc, le désir.

Mais l'école n'existe pas seulement parce que les hommes, surtout quand ils sont très jeunes, ne désirent rien moins que le savoir, mais aussi parce qu'elle est un lieu où ils se civilisent, c'est-à-dire où ils apprennent la coexistence pacifique et égalitaire des névroses. Au temps de la civilisation de l'*otium,* pour distinguer le maître qui instruit du maître qui tyrannise ou endoctrine, on appelait le premier *magister* et le second *dominus.* Sachant avec quel naturel un jeune esprit pouvait se laisser aller aux comportements les plus barbares de la plèbe, et, aussi, avec quel naturel la plèbe pouvait servir un *dominus,* on s'empressait de confier les enfants à un *magister* afin que, mettant son savoir à leur service, il les aident à devenir des individus singuliers et autonomes. Mais on a oublié cela. Il est vrai qu'à force de communiquer on a fini par perdre son latin.

Philosopher dans l'impasse

« Ô Socrate, tu avais le maudit avantage de pouvoir,
grâce à ton ignorance, faire éclater que les autres
étaient moins savants que toi : ils ne savaient
même pas qu'ils étaient ignorants.
Ton aventure est la mienne. »

Kierkegaard.

Tout jeune professeur de philosophie, j'étais orphelin de Socrate. Je ne parle pas du Socrate vu et corrigé par Platon qui sermonne ses interlocuteurs plus souvent qu'il ne les questionne, mais de *mon* Socrate dont le divertissement public, en attendant la mort, était de démonter, sans jamais prendre la peine de les remonter et au risque de les fausser, les rouages de la comédie humaine. J'étais orphelin du suicidé de la société.

Enseigner la philosophie suppose le goût comme le talent de séduire, et suppose par là même deux façons de s'y prendre. L'une consiste à rassurer les gens en les entretenant dans l'espoir que leur vie s'accordera un jour avec leurs désirs – c'est la façon du philosophe, au sens courant du terme ; l'autre, au contraire, consiste à inquiéter les gens en leur rappelant l'évidence que jamais leur vie ne s'accordera avec leurs désirs – et c'est la façon du penseur, au sens très personnel que j'en donne. Misant sur le pathétique besoin des gens de conduire leur existence, le philosophe retire un bénéfice narcissique majeur à leur indiquer d'utopiques destinations. Cela se passa ainsi dans l'Antiquité, lorsque, à la suite de Socrate et des autres sophistes, mais en rupture avec leur enseignement respectif, les philosopes fondèrent leurs sectes ; mais cela se passe encore de nos jours où les humains souffrant du désenchantement technique et marchand du monde, attendent des philosophes un réenchantement de leur vie. Une éthique du bonheur par-ci, une doctrine de la liberté par-là, et voilà le philosophe recherché par la foule. S'en tenant quant à lui à la peinture réaliste du néant, le penseur, que la foule ignore, s'enorgueillit pour sa part de recueillir l'estime de ce petit nombre d'individus sensibles à ce que Wittgenstein appelait « le charme des destructeurs d'illusions ». C'est pourquoi, à l'école d'un penseur comme Socrate, je me suis appliqué, dès mes débuts de professeur, à une semblable pédagogie du pire.

Je me faisais l'effet d'un agent double, au service d'une puissance en ruines où la *paideia*, l'éducation, avait pour but de former de belles individualités tragiques et en guerre contre une société de boutiquiers. Comme je m'étais fixé une mission qui tenait en trois points : rappeler à mes élèves *primo* que le Père Noël n'existe pas, *secundo* que le marché ne fait pas de cadeau et, *tertio*, que la mort ne meurt jamais, il me fallait utiliser l'arme favorite de Socrate : l'ironie.

Pour abattre un interlocuteur prompt, comme on dit, à « ramener sa science », Socrate maniait avec maestria l'art de plaisanter derrière le masque du sérieux. Lorsqu'il interrogeait Untel ou Untel sur le bien-fondé de ses valeurs, de ses croyances ou de ses mœurs, il faisait mine d'entrer dans ses vues et, brusquement, il dégainait une question qui tuait net le sens de ses propos et le laissait sans voix.

Dans ce petit jeu de massacre auquel se livrait Socrate, et où il était imbattable, les seuls partenaires qui se montraient *fair play* étaient ceux qui avaient le sens de l'humour. En cette circonstance non seulement l'humour leur permettait d'encaisser sans dommages pour leur amour-propre les coups de l'ironie socratique, mais il les disposait *a priori* à accepter avec le sourire la destruction d'une valeur ou d'un sens qu'ils avaient cru donner à leurs paroles comme à leur vie. Autant dire que ces hommes étaient rares. Mais cela veut dire aussi que l'humour était d'abord chez Socrate et que c'était son *humeur* naturelle. Car avant même d'infliger aux autres l'ironie de ses questions, Socrate souffrait de l'ironie de l'existence. Il lui fallait bien de l'humour pour ne pas s'indigner de l'insistance avec laquelle le temps et la mort ridiculisent le sérieux que mettent les hommes à chercher un sens à leur vie. Mais il arrivait que cet humour vînt à lui manquer. On le voyait alors se tenir à l'écart, plongé dans une sorte de tristesse, songeant combien il était absurde et peu charitable de sa part de révéler aux mortels l'absurdité de tout. Car une fois qu'il avait savouré la joie de saborder des ambitions, des projets ou des idéaux, il regrettait de laisser derrière lui des âmes à la dérive. Il se disait que, parmi elles, certaines retourneraient sans doute à leur port d'attache social et familial, tandis que d'autres finiraient peut-être par prendre plaisir à cultiver, comme lui, le sens du flottement. Socrate souffrait parfois du mal de mer des naufrageurs.

Il ya vingt ans, en voulant récupérér telle quelle la torpille de l'ironie socratique, j'avais mal évalué l'épaisseur du blindage de l'inertie intellectuelle de mes élèves. Car aujourd'hui, c'est moi qui sombre.

Socrate avait affaire à une jeunesse imprégnée des plus belles réalisations de l'esprit et de l'art grecs. Il suffisait de naître dans cette civilisation pour être *de facto* cultivé. Socrate avait donc la partie facile, lorsque, traînant à la sortie des gymnases, il questionnait tel ou tel élève sur le savoir qu'on lui apprenait et sur l'usage qu'il comptait en faire. Non seulement son ironie trouvait dans ces esprits une matière à mordre, mais, ces esprits pouvaient mordre en retour à cette ironie. Ainsi s'installait entre eux ce climat de *philia*, ou d'amitié, indispensable au duel philosophique – duel qui prenait la forme du *dialogue*, soit d'une confrontation courtoise et sans merci de deux discours où les mots crachaient tout leur sens.

Si Socrate pouvait dialoguer avec des individus lettrés, moi je ne peux monologuer qu'en présence d'analphabètes regroupés en bandes. Quand Socrate disait : « Je viens de nulle part », c'était par coquetterie; car la démocratie athénienne avait été le berceau de la philosophie. Mais, moi, en disant cela, je traduis le sentiment d'étrangeté absolue que mes élèves éprouvent quand je leur parle et que j'éprouve davantage encore quand ils me parlent. Ils me trouvent une sale tête d'exception culturelle. Quand Socrate disait : « Je m'aventure dans des impasses», bien sûr il ne bluffait pas, car il savait que la même démocratie d'Athènes serait un jour le cachot et le tombeau de la philosophie. Mais je ne bluffe pas non plus quand je prétends qu'en entrant en classe j'ai le sentiment d'être fait comme un rat.

Dans les premiers temps de mon enseignement, le démon de la provocation me poussait à ferrailler, même dans le vide. Aujourd'hui, c'est le vide qui me taille en pièces. Socrate consacra sa vie à engendrer des fils spirituels et continua longtemps après sa mort. Après vingt ans de maïeutique, je n'ai accouché que d'une dépression et mon sens de l'humour a avorté. Reste, pour me consoler, le souvenir de petites littéraires qui forment en ma mémoire un lycée clandestin et intime.

En tant que fils unique et orphelin de père, je n'ai jamais pu me faire une philosophie précise de la paternité. Je crois que le refus de la procréation, qui est sans nul doute la plus sage des décisions, et que j'ai longtemps soutenue, n'est autre que le refus qu'il puisse exister une réplique de son être. Comble du narcissisme ou du dégoût de soi ? C'est la même chose. Toujours est-il que soit pour m'accabler soit pour me consoler, les dieux m'ont donné, voilà dix ans, un fils.

Je me souviens qu'en allant à la maternité, je me faisais l'effet d'un procureur qui se rend à l'exécution du pauvre bougre contre qui il a requis le châtiment suprême. Je rasais les murs de ma conscience. La vie, comme la mort, ne peut se regarder en face. Je n'ai pas voulu assister à l'heureux événement.

Sa mère a eu neuf mois pour se préparer à sa nouvelle condition ; quant à moi, aujourd'hui encore, je ne suis pas sûr d'avoir adopté le père que je suis devenu. Je suis confronté à un destin que j'aurais pu éviter. Avant la naissance de mon fils, je me disais que, lorsque dans les années à venir, que je savais comptées, ma mère décéderait, je serais délivré de la nécessité de vivre pour quelqu'un. Mais à présent qu'elle est morte, la donne est changée. J'ai à nouveau le devoir de ne pas mourir avant quelque temps. C'est pourquoi je me bricole une philosophie de la paternité qui, en gros, s'énonce ainsi : la vie se transmet par la mère mais l'existence s'apprend sur les épaules paternelles. Une fois posé au sol, un enfant sait jusqu'où il lui faudra grandir.

Dans L'*Enseignement mis à mort*, un livre incisif inspiré par la colère et le dégoût, Adrien Barrot, jeune professeur de philosophie, rappelle une bouleversante histoire contée par Maïmonide. Il s'agit d'un homme « dont le père et le maître, emmenés en captivité, doit racheter *d'abord* son maître, et ne payer *qu'ensuite* la rançon de son père ». Aussi insensée que paraisse cette démarche, écrit A. Barrot, elle donne à penser que « la paternité ne s'avère pas dans le simple accomplissement d'une pure fonction biologique d'engendrement », mais que le vrai père est celui qui enseigne, car alors, il « engendre au sens authentiquement humain du terme ». D'où cette idée, chimérique ou non, je ne sais, que « le père d'un enfant doit faire de lui un élève ». Que je fasse de mon fils *un* élève, que je lui permette d'apprendre auprès d'autres maîtres que son père – ce que fit le mien pour moi en mourant –, tel est, bien sûr, mon souhait le plus cher. Car en ferais-je *mon* élève, je ne pourrais que lui rabâcher mes lubies et mes idées fixes. On a les enfants qu'on mérite et c'est pourquoi on les juge si décevants.

À moi, donc, d'être à la hauteur, de montrer à mon fils qu'un père ne se dérobe pas, qu'il reste et qu'il tient.

Tenir, rester... Comme si la mort s'en tenait à un ordre chronologique. Chaque soir, quand mon fils dort, je m'attarde au spectacle de cette vie fragile et, en l'embrassant, je me dis que c'est peut-être la dernière fois. Je ne me pardonnerais jamais que mon fils fasse de moi son orphelin. Je veux bien perdre à tous les jeux dont il modifie capricieusement les règles, mais, dans la course à la mort, qu'il me laisse, comme il dit, « gagner le premier ». Ainsi lui reviendront les livres que je n'ai pas su écrire – mais que je lisais en l'attendant – et, peut-être, ceux que, commencés au brouillon sur la peau de mon chagrin, je finirai bien par achever proprement. Mais je sais que le temps presse et que le plaisir d'écrire, comme celui d'aimer, ne dure pas. *Post scriptum animal triste.*

Table

Dans la même collection

Petite philosophie du bonheur

Achevé d'imprimer sur les presses
de l'Imprimerie France Quercy
113, rue André Breton, 46001 Cahors
d'après montages et gravure numériques
(Computer To Plate)
Dépôt légal : 3e trimestre 2002
Numéro d'impression : 22201